사진첩

서석조 시조집

교음사

시인의 말

시조에 입문한 지
스무 해에 이르러

자랑이야 할까마는
이력은 이력이라

얼굴이 붉어짐에도
기념 책을 펴냅니다

2024년 봄 서석조

1. 저 강 건너 저 산 넘어

2. 사진첩

3. 가을을 채색하다

4. 속과 성을 거닌 하루

5. 물을 잃고 뭍을 얻어

1

저 강 건너 저 산 넘어

구세주

남양산 로터리 횡단보도 소나기 속
우산 없이 허둥지둥 헤쳐 뛰던 한 여인
전봇대 부여잡으며 속절없이 젖어 들고

지나던 승용차 한 대 느닷없이 멈춰 서서
차창을 스륵 내려 우산 하나 툭 건네곤
휑하니 가던 길 그냥 미련 없이 가버린다

세상에 참, 구세주가 따로 또 있을까
화들짝 놀라 펼친 우산 위 빗줄기가
축포를 터트리듯이 은빛으로 퍼져난다

감포에서, 제비

죄 없이도 무서워 되오지 못 했으리
동쪽 끝 해변 마을 횟집 옥상 빨랫줄에
총총총 솟대로 앉은 제비들의 지저귐

정박한 어선들이 하릴없이 흔들리고
제방 끝 등대에서 안개비가 내리는데
둥지가 있기나 하나 입 다무는 나팔꽃

집 집 집 곳곳에 집 땅끝에서 땅끝까지
빨래나마 너는 참에 나래 쉬는 제비들
구룡포 가는 길목에 빈집 하나 덩그렇다

조팝꽃과 벚꽃 사이

낮빛을 다투기야
어금버금하지 않나

잔바람 품어 안고
큰바람 휘감고

참 걷기 좋은 날이다
손 멈추는 붕어빵 장수

대선大選 무지개

별천지가 있을 테다, 저 강 건너 저 산 넘어
유리벽에 부딪치는 까치의 낭패처럼
작심한 허튼소리여도 우르르 몰리는 귀

막무가내여야 하지 펴지 못하는 날개
허위단심 모여들어 환호하는 시장 바닥
여우비 반짝 내리고 무지개 섰다 진다

세상에 다시없을

– 대선 주자

헌 집 받고 새집 준다는 새빨간 거짓말이
한 평 방 잠 설치는 팔랑귀를 쑤셔대자
삼이웃 먼저 아는 듯 등불들이 켜진다

나가자 받들자 그리고 따르자
세상에 다시없을 우리의 구세주다
참새 떼 까마귀 떼도 이리 뛰고 저리 난다

어느덧 바람 눅눅 광장 깃발 늘어지고
나 몰랐던 발덧이 문지방에 걸릴 즈음
한 마리 바퀴벌레가 신발장을 갉고 있다

철 잊은 개나리

밤 부엉이 낮 울려도 두말없이 귀 막아라

제 딴에 똑똑하면 혀를 마냥 빼물고

시키면 복장을 하고 흰소리 내뱉는 이

보고도 못 본 체면 별도 달도 따다 줄게

앵무새 길들이듯 가는눈의 속삭임에

환장할, 제철도 아닌 개나리가 꽃 피운다

서울은, 지금

이 한더위 태풍에다 하필이면 군불인가
저 하나 우뚝 살아 화려 찬란 시원하면
매미가 잠을 쫓아도 할 말 어디 없을 테다

대밭 하나 무참히 잘라내는 마성으로
꾀꼬리 목을 틀어 밤도 낮도 저절로니
지하도 내림 계단이 엎드린 자 뒤엎겠다

이승 떠나 피워내는 연꽃 위 이슬처럼
허위를 갈고 닦아 구슬 보석 또 하나면
안중에 사람 있으랴, 칼춤에 칼춤인, 저!

서울에, 눈

칼바람에 칼눈이 광화문에 내리친다

체온 하나 보태보려 가까이 다가선다

부둥켜 쓰다듬는다, 안온하여라 서울!

사탄의 둔갑

신묘한 몸놀림으로 가시 울을 넘었으니
짐작도 못 하겠지 장미 순도 휘어잡아
자국눈 뒤볼 새 없이 미쳐 날뛰는 품새

위험을 무릅쓰고 사냥질을 왜 하는가
길들인 앵무새가 물어오는 끼니거니
그 누가 눈여겨보랴 방석이나 높이지

바야흐로 파문의 절정 허기가 감돌아서
차라리 숨을 놓아 날벼락도 비낀 자리
하얀 옷 사탄의 둔갑 사람인 듯 죽은 듯

바람마저 기승이다

1.
산불은 계속됐다, 대선 개표 뜨겁던 밤
동해안 울진 삼척 바람마저 기승인데
극과 극 예각의 한켠 단팥빵을 씹는 허기

어김없이 날은 밝아 쑥이라도 캐어야지
낙동강 황산공원 아낙네들 여기저기
물 건너 북행열차도 보란 듯이 내달린다

2.
용맹무쌍 금강 결기 마침내 비가 와서
버들개지 눈을 따라 굴렁쇠 구르거니
솔가지 흔든 바람이 비둘기를 업고 난다

황산잔도 아래, 물

물은 왜 여기에서 넓어지고 깊어지나
잔도를 들여놓고 불가촉 농울치며
저 들판 달맞이꽃이 가뭄에 타든 말든

서울 가고 부산 가듯 반공에 나래 펴고
휘적여 하롱대는 왕버들 목만 축여
청람에 싱싱할 거냐 기차도 목이 쉰다

다리품을 그냥 놓고 물목이나 간질여라
살랑이는 바람결에 우줄우줄 모인 물
모여서 푸르기만 한 그냥 그냥 물뿐인 물

무화과 하나

벼랑 끝 기다림에 햇살 익어 터진 한낮
벌에 쏘인 무화과 하나 자글자글 끓고 있다
눅눅한 바람을 품은 통영 해변 긴 모서리

꽃 피울 겨를 없이 시간은 꺾이고
발랄한 아이들이 모래톱을 긁을 즈음
삭연한 고추잠자리 열매 위에 앉아 존다

하도나 왕연하여 거침없이 내달은 적
꽃이야 무슨 소용 익어 달면 그만이지
막다른 산자락 헐고 빈집 하나 앉아있다

길 밖의 시간

가을비 추적이는 저물녘 전철 안
졸거나 폰을 보거나 앉았거나 섰거나
비로소 길 밖의 시간 나래 쉬는 사람들

빗물이 성호 긋듯 차창을 울다 가고
기계의 위력으로 길머리도 지워져
내릴 역 후딱 지나쳐 허둥지둥하려나

생이란 이름자와 사진 한 장 남기는 일
사람들을 톺아보다 눈자위를 닦는다
형님을 구천에 두고 집으로 가는 길에

구세주라니

신도 죽었다는데 그 무슨 구세주냐
양의 탈이나 벗고 늑탈을 하여야지
무언가 진달래꽃을 정월에다 피워놓고

전깃줄에 앉아 쉬는 까마귀 떼를 보아라
총질 금지 율령을 위력으로 포장하여
사는 게 누구 덕이냐 칼춤 마구 추다니

세배

산술이 먹힌 거구나
세 살배기 두뇌에도

지폐를 꼬나 흔들며
제 엄마를 웃게 하고

구순九旬은 산술을 비워
온 세상에 너뿐이란다

2

사진첩

삼 형제
사진첩
달을 바란 테라스에, 황소
구순 그늘 숨겨놓고
구십에다 넷, 장모님
경로 우대석에
여의주 하나 툭 잡혀
포도순절에
체감 온도
칵테일파티 신나라
탱고 탱고
호국보훈의 달에
이름밖에 이름 없는 이름
첫사랑
하지 무렵
봄
수평선

삼 형제

미용실 슈퍼마켓 우체국 고등학교
삼 형제 동행 나들이 버스 창밖 풍경에
신문물 바라보듯이 하나하나 눈여긴다

주렸던 학창 시절 형님 둘은 막노동판
너만은 우뚝 커라 두꺼워진 손등에
팔순의 아린 세월이 주름살로 여울진다

광안리 나주곰탕 한 시간여 버스길 끝
내가 낼게 무슨 말씀 막내가 셈을 하니
아따라 참으로 좋다 우리 이리 살아가자

아픈 몸 이 두 형님 여생은 얼마일까
난생처음 셋의 한때 창공을 바라보며
골 깊은 고향 굽이에 집 한 채를 짓는다

사진첩

글자 하나 몰라도 나는 살아 팔순이다

공부깨나 해놓고 절름대기 일쑤라니

등짝을 내리치시며 서슬 퍼랬던 어머니

그날 그 고향 집에 감나무 가로 벋고

댓돌의 높이만큼 농민신문 쟁여져

문명文名을 바랐으랴만 묵향 머금은 주소

괜스레 헛간 뒤져 먼지바람 일으키자

댓잎에 베인 바람이 구석구석 파고든다

아뿔싸, 아닌 곳에 둔 입신양명 사진첩

달을 바란 테라스에, 황소

외양간에 짚 펴시던 아버지의 낫날에
뒷발질하다 툭 끊어진 황소의 좌 아킬레스건
이 무슨 날벼락이냐 주저앉은 망연자실

씨름 한판 할라치면 생겨날까 잃은 반값
세상 물정 깨칠 즘은 달을 바란 테라스에
절룩여 멀어져가던 그 잔상만 새겼을 뿐

염탐이나 할까 보다 액자 속에 든 고향
감나무에 까치 소리 축담 쪼는 참새 떼
부룩소 그림 한 장을 그리고 그리다 만다

구순 그늘 숨겨놓고

– 누나

두 시간여 기다림 끝 개찰구가 열리고
한가득 푸른 불빛에 구순 그늘 숨겨놓고
저만큼 남루로 서서 염주를 세는 누나

세상은 동기同氣간도 각자도생各自圖生 먼 만 리라
대연역 가파른 계단 손수레가 주춤주춤
싸늘한 손등을 감싸 눈자위가 뜨겁다

어머니 연세를 넘어 누累가 되는 삶이라니
나 살자 눈멀었던 그 세월을 돌이켜서
이 지하 터져나도록 오월 보리 일고프다

구십에다 넷, 장모님

살다 보면 아픈 날이 숱하지만 어찌하나
소나무가 분재로 아등바등 살아내듯
살아서 구십에다 넷, 난잎을 닦고 있다

바쁘다는 핑계의 궁색한 문안이야
오히려 벽에 걸린 마른 장미 보는 일
벌 나비 찾지 않아도 제자리에 꼿꼿한

맨드라미 꺾인 목을 철사로 감아 살린
너의 그 심성이면 세상은 네 편이다
아들아, 세상없어도 나는 네가 세상이다

경로 우대석에

저기 저 낙동강 물 흐르기만 할까 보냐
백발 머리 자네처럼 긴 하품도 하겠지
참 멀리 걸어왔다고 공짜 전철 타듯이

너만은 죽지 마라 변하지도 말아라*
서면이 남포동이 뜨다 앉고 난리지만
어느새 우리 다 왔다 종착의 땅 다대포

*가수 최백호의 노래 「낙동강」 가사에서 인용.

여의주 하나 툭 잡혀

폭탄 세일 내걸었다 그도 그예 문을 닫고

부산에서 서울까지 걷기라도 한다는 친구

여의주 하나 툭 잡혀 뒤집히는 생이 될까

텃밭을 헤집어 판 강아지 품 자리에

빗물 한번 고이더니 엉겅퀴가 솟아나데

이 춥고 가문 사월도 오월이면 비 올 테지

포도순절에

1.

계절도 딸꾹질을 한 번씩 하나 보네
갈라진 내 손등에 물도랑이 흐르듯
마당에 골이 파이고 나락이 주저앉고

포도순절* 땡볕 하루 쌀 십이만 석 는다는데
길고도 긴 가을장마 쇠비름만 성성하네
고향 집 마당을 돌며 등이 휘는 울 형수

2.

나만 보고 따라와 영웅심도 유분수지
배추밭 호작질 하는 고라니는 어쩌라고
어디에 물색없기는, 저 대선판 이무기들

설익은 포도라도 먹기는 먹겠으니
포도의 순절旬節 아닌 순절殉節이라 해야 하나
구월도 한참인 날에 굵은 비가 내린다

*백로에서 추석까지의 시절

체감 온도

독기를 모아 내쏜 말들이 꽂힌 가슴

능소화 위 땅벌처럼 뜨겁기만 하여서

언젠간 나도 너처럼 아름답게 필 거야

여름에서 또 한 여름 줄 다 뽑힌 왕거미

삭은 줄 감아 씹으며 맥박 가누는 빈방에

서늘히 날 서는 공기, 이젠 네가 포로야

칵테일파티 신나라

종달새 소리에만 어찌 그리 귀를 여나
봄 가고 이 한여름 축 처진 뒷산 솔숲
뭇 새의 목쉰 울음에 밤을 앓는 매미에

저리 시끄러워도 불문곡절 배부르니
울려면 닮은 울음 종달새로 울어라
온 곳의 둥지란 둥지 거꾸로 매달려도

어느 누가 성전聖殿에 쐐기 하나 박을까
해 달 별 눈 비바람 흙 돌 수풀 위 종달새
신나라 순혈의 소리 칵테일파티 신나라

탱고 탱고

오늘 밤은 나 피에로 코는 납작 가슴 불룩
거울 뒤 어두운 화장 눈꺼풀을 뒤집어
새벽을 숨겨야 해요 장막 걷지 말아요

적도의 붉은 해가 자꾸 내미는 언 발
나래 옷 여미려니 이내 드러나는 샅
악사는 북이나 쳐요 무릎 관절 꺾지 말고

저기 저 동방 사내 먹빛 눈에 불을 켜고
되돌아갈 시각의 꼬리를 자를 동안
꼼짝도 하지 말아요 나를 부려 걷는 그대

호국보훈의 달에

깊이깊이 새기고 잊지 않고 기억하겠다
그 숭고한 희생과 그 고귀한 헌신을
새긴 자 웃는 사진이 현수막에 버젓하다

철원에 백마고지 부산에 유엔묘지
가증스런 웃음일랑 얼토당토않은 유월
사거리 횡단보도에 눈엣가시로 높아라

속내는 고관대작 살쾡이 포복처럼
아무리 너는 너여도 혼탁해지는 이 공기
구름이 해를 삼키며 빗방울을 내린다

이름밖에 이름 없는 이름

이름에 때가 낄라 이름 안고 죽으리라

이름밖에 이름 없는 이름 맑은 이름들

신문의 행간에 숨은 백비白碑 몇 들춰본다

첫사랑

— 세상에나, 그가 요즘 치매라는데 니 아나?

상고商高의 처진 학력에 칼금을 그어놓고

저 멀리 휘돌아가던 어느 오월 버스 자취

아등바등 시집살이 고향길은 멀어지고

품계를 가늠하랴 드넓어진 세상에서

이팝꽃 뭉실 필 적엔 소리죽여 울었단다

소식이야 흰 소식 못 들은 척 해봐도

괜스레 달력을 찢어 구기다가 찢다가

내리는 빗줄기 속을 하염없이 헤아린다

하지 무렵

태양인들 한결같나 지구 뒤에 숨고 숨어
뻗대고 뻗대다가 풀이 죽는 감자순에
뿌리에 힘을 실어라, 밤이슬로도 앉지

아프지만 괜찮다 하루살이도 있으니
귀갓길 걸음들이 정류소를 지날 즈음
괜찮아 다시 시작해 글귀 뒤에 숨은 너

뭇별 중 별똥별 하나 그래서 올려다보지
무심코 길을 걷다 발부리 채이듯이
대변항 카페 채플린 네가 남긴 커피 향

봄

이 아침 멸치 한 마리
식탁에 올랐으니

바닷물 출렁 줄어
수평선이 낮아질까

매화꽃
한 잎 떨어져
땅이 움찔 기울듯

수평선

넘보던 버릇대로

까치발을 자꾸 든다

멀어지고 멀어져서

불가침 금도 긋고

위태한 해국의 개화

점지라고 하는 너

3

가을을 채색하다

시월상달

갈피를 잡지 못해 골목 꺾어 앉는 미탁*
젖은 신발 벗지 못해 걸음 잃은 사람들이
두 팔을 길게 휘둘러 잠자리를 날려댄다

귀 활짝 열리게 하는 소식 어디 없을까
색바람도 나 몰라라 골마지 끼는 광장
폭탄가 세일 문구가 과일 가겔 장식한다

*2019 제18호 태풍

채점 추상

천차만별 시각에 판단 또한 그러하지
빠져나갈 구멍도 천지에 넉넉하니
뭇사람 웅성거려도 눈 딱 감고 말이야

어쩌나, 손안에 딱 맞게 잡혀준 권능
조아려 줄을 서니 잣대 또한 무소불위
누구야 미치건 말건 마음대로 휘젓고 말지

발바닥 티눈 하나에, 벽창호

소쩍새에 뻐꾹새 매미에 귀뚜라미
연련히 울어대는 연유는 나 몰라라
발바닥 티눈 하나에 생을 걸듯 하려니

책상을 올러 치듯 울려대는 화재 경보
동네는 튼튼 유리벽 귀 막은 사람들이
천둥도 번개도 쳐라 구경거리 생긴 참

숨어들 곳 어디 없나 산비탈을 긁어대다
서역 먼 사막에다 호박씨나 심어보랴
동티난 한 발을 들고 사자후를 토하는 밤

가을을 채색하다

호박꽃 속 꿀을 따는 호박벌을 잡겠다고
그 꽃잎 감싸 떼어 귀에 대고 듣던 소행
그쯤은 놀이의 하나 추호의 가책도 없다

모른 세상 모른 세월 호기로운 나날에
잘 여문 호박은 어디 가을을 채색하다
무너진 담장에 깔려 눈알만 굴리다니

호박벌 그 단말마 바람마저 몰랐으랴
훈민정음 기역 미음 날개 단 광속 소문
대숲이 까르르 깍깍 까마귀로 가득하다

무질서가 질서다

창틈을 비집고 뻗어 드는 한낮 햇살
우수수 칼에 베인 듯 먼지는 나부껴
무생물 무의식일까 무질서가 질서다

햇발을 감아쥐고 무저갱 걱정 마라
거리를 누벼 도는 색색의 확성기 소리
아무리 뛰고 또 뛴들 뱁새의 한갓 비행

삭발, 그리고 광장

몸짓의 시위로야 눈길 어찌 뜨거우랴
관官의 권속 한둘쯤 눈물 속에 담가놓고
밀어라, 자존의 모발 광장 움찔 기울도록

저 쫄깃한 광망이 밤을 얽어 무거우면
허위를 태울 초점 볼록렌즈 하얀 두피
차라리 목숨을 걸지 난무하는 비아냥 속

조문

낯설고 긴 밤길 끝 텁수룩한 수염의 그
−술 한 잔 저승 데워 국화 송이 저리 피나
−내사 마 홀가분하요 술밥 간에 맘대로고

이윽고 수다에 빠진 시인 친구 다섯 명
글깨나 쓴답시고 인간미는 잃지 말자
자, 그래, 메멘토 모리 저 빈소 촛불처럼

자귀꽃 한창

화관을 높이 쓰고
으스대고 싶었겠다

무수한 분홍 실오리
별 떨기로 펼쳐서

멈춰라 시들한 걸음
바람 자꾸 일으킨다

나팔꽃, 천기를 염탐하다

귀 바짝 세워 열고 천기를 염탐한다
한바다 건너뛰는 무지막지 열풍에
맞받아 피 울음 우는 참매미 서슬이란

얼기설기 달빛 감은 싸리 울 긴긴밤들
기운찬 새벽이라 부풀린 물관부로
꽃 한 잎 못 피워내랴 덩굴 벋어 오를 즈음

종말이 목전인가 사방천지 마른천둥
빛살을 휘 꺾으며 단말마 버둥대도
흰 구름 둥실 띄우고 높이에만 취한 하늘

마술이듯

아무리 긴 세월도 돌아보면 한순간
억 광년 먼 별빛에 하루살이 몸 누이듯
밤새운 이슬방울이 한번 반짝 햇살이듯

칠십육 세 연치에 일삼은 신문 배달
한때는 날쌘돌이 더딘 걸음 구슬땀에
빠뜨린 배달 신문을 공손히 내미는 손

과꽃 피고 호박 열고 까치 날고 매미 울고
분복의 삶이라도 발품 더운 여름 나절
눈 한 번 감았다 뜨듯, 마술이듯, 저 노년

사람아, 숟가락 놓고

이 밤도 너를 찾는 이 밤도 너를 찾는*
기타 치며 노래하는 키다리 중절모 사내
계룡산 계곡 언저리 기운 한낮 점심상 앞

뻐꾹새 울어 피는 산목련 외로 두고
에움길 휘적여 온 가긍한 몸맨두리
사람아, 숟가락 놓고 지갑을 성큼 연다

식솔들의 두레상이 노래 따라 둥글어지고
헐거운 다리를 세워 훈김을 펼쳐낼까
아카시 잎사귀 위로 햇살 부신 오후다

*가요 「추억의 소야곡」 가사

다리 아래, 다리 위

악귀의 푸른 식성에 먹혀들고 싶나니
각일각 바람결 난간 감연히 타 넘어서
피안에 봉숭아꽃물 남루히 추락하리

난데없이 그 무슨, 갈 길 멈춰 눙치느니
이승은 아직 네 자리 난든집 이단일 뿐
한강은 다리 아래에 너는 마냥 다리 위

팬데믹 호두

격한 매미 소리에 곤두박이는 호두
벌들은 봉숭아에 잠자리는 감나무에
제 갈 길 어김없는데 단명도 애먼 단명

응달진 마당귀를 버틴 지 석삼년에
죄라면 실한 열매에 거미줄 치게 한 죄
매무새 말끔한 구름 창공에 한가롭다

복사꽃

동네는 늘 그랬다 화장化粧하면 화냥년

댓잎 같은 눈총으로 허공만을 칼질하며

한 번도 악다구니로 떼를 쓴 적 없어도

바람이 살랑거려 풀어헤친 가슴팍

아닌 밤중 홍두깨로 도화살이 서렸다니

그녀는 사라져갔고 도화살은 동네였다

모란

너만이랴, 말로는 다 하지 못할 아픔이

가슴 치고 혀를 물며 문을 걸어 잠그다가

이 한낮
피 울음 만만
담벼락,
너만이랴

나 까마귀

퉤, 퉤, 퉤, 재수 없게 어디 와서 지랄이야

나 까마귀, 감나무에 잠깐 앉아 쉬기로서니

당신의 곤궁한 처지 알 리가 없기로서니

11월

1.

이맘때다 홀연히 지워달라던 그 이름
보인다 손 흔들며
하얗게 숨차던 얼굴
김장용
젓갈 사라는
골목 어귀 소리 저쯤

2.

시지프스, 흰 소가죽의 구두를 신겨주랴
흘린 피 물들게 하여
노역 영슈을 멈추게 할
모감주
씨방을 열며
바람이 드세다

4

속과 성을 거닌 하루

백록담

1.
세상이 눈 아래인 험준한 돌밭 길 끝
청동기적 근육질인 백록이 뿔을 돋쳐
고구려 발해쯤에서 엉겅퀴를 씹는다

아마존과 에펠탑을 자로 그어 한 눈금
장군들아 소스라쳐 한달음에 진군하라
조아린 숨탄것 모두 한결의 눈높이다

2.
기필 천기天機인데야 서려 덮이는 안개
이어도 깊이깊이 대왕고래 여차하면
가슴을 활짝 내펴고 뿔고둥을 부는 백록

겨우살이

천둥벼락 휘어 꺾는 신묘한 삶이고자
더부살이 비난 뚫고 속절없이 높아져서
덕유산 구천 계곡을 발아래 두었다

함부로 들이대지 마 하찮은 장대쯤으로
상수리 야문 가지 부름켜도 성성하고
백설이 낮달을 데워 마파람도 솔솔 인다

안 죽는다 안 죽어 어쨌거나 겨우살이
퍼렇게 펄펄 살아 칼바람도 잦아들고
영화는 만 리 구만리 안개조차 발밑 긴다

속과 성을 거닌 하루

*속俗

텃밭 단호박 넷을 누가 싹 따갔는데
보시해서 복 받으니 맘 놓으란 위로 말들
너 없이 내가 없으니 우리 배가 부르구나

*성聖

통도사 성보박물관 성파스님 민화전
들까불고 능청스러운 옻판의 옻칠 그림
호랑이 귀엽게 어흥 물고기 떼 배뱅글

화조도에 서수도 인물도에 맹호도
어락도에 어수도 연화 모란 초충도
반세기 벼려진 말문 만년을 더 가겠네

미물을 긍휼하니 모옥茅屋도 탐욕이라
유월 배롱나무에 매미 소리 달아놓고
붓끝에 붓끝만 세운 저 형형한 눈빛이여

죽을죄

저절로 잘도 익어 떨어지는 아람 두고
뉘 덕이냐 해찰하는 헤식은 바람처럼
긴 막대 휘둘러대며 파장을 부추기는 이

한겨울에 싱싱 딸기 벌 나비 없는 터라
당연히 죽을죄지 어디에다 전을 펴
장꾼들 감히 눈뜨랴 퍼포먼스 요란하다

술 빚는 세상

나뒹군 문설주에 까마귀 앉아있고
자잘한 물방울들 돌쩌귀를 싸고돌자
마르기 일보 직전의 지렁이가 꿈틀한다

때는 바로 이때다 술병 든 사내 하나
괜찮다 아무 일 없다 술 빚는 이 세상
달아나 아니면 숨어, 불던 바람 멈칫한다

행여 나만이라도

억장이 무너진다
하늘이 무너진다

행여 나만이라도
버팀에 도움 될까

야윈 목 길게 내빼고
돌 틈에 선 방가지똥

괜찮다

철쭉꽃 군락 아래 납작 엎딘 제비꽃

핼쑥 질린 얼굴 하며 파래진 숨결 하며

괜찮다, 아무 일 없다, 벌 한 마리 빙빙 돈다

달동네 노후

비둘기 날갯짓도 작은 꿈에 감싸이고
발아래 성채城砦들도 외로운 날개 접어
가파른 오름길마다 뒷걸음을 치게 한다

수레의 무게만큼 밀려나는 시름으로
오금에 빗장 질러 들 날숨을 가리랴
천국은 높은 데려니 오르고 또 오른다

몸 누일 한 평 방에 별 주렴 달도 환해
가진 한 벌 넝마에도 라면 한 끼 주식에도
무심결 날개 단 듯이 가벼워지는 나날들

어떤 세태

좀비들만 난무하여 해가 뜨지 않는 광장
누군가 짚불 놓아 어둠을 흩뜨리자
봉숭아 시든 꽃들이 널브러져 있었단다

그까짓 귀동냥에 아닌 밤중 홍두깨에
방고래 지고 누워 서까래나 세는 참
부동산 희망 사장이 문을 닫고 떠났단다

골목 풍경

시든 포도 넝쿨이 회오리에 감겨들자
꿀 밀감 사과 사라 외쳐대는 행상 트럭
솔가지 앉은 까치가 푸드덕 놀라 난다

빈 골목 휘돌아서 인적 없이 조는 나절
눈 귀 입 막아놓고 신은 짐짓 배부른지
한겨울 뭉게구름만 속절없이 드높다

세모歲暮

홍가시 붉게 타는
한길 가 늦은 하오

잦아든 찬바람에
참새 떼 잎을 쪼아

노숙을 털고 나선다
들고양이 한 마리

하늘에, 반시

부풀어 여린 입술 함부로 내밀리야

베어져 감기든지 물리어 퍼지든지

진홍과 쪽빛의 각각 극과 극 하나인 저!

창원역

좌표는 엄연하다 철골로 우뚝하여
진영쯤 가던 기차 목이 메어 멈춰 서고
진주는 천 리라 해도 한달음에 달렸으리

돌아볼 겨를 없이 직방으로 난 철로에
가을비 추적추적 기적 소리 휘굽어서
전라행 기차 머리를 감싸 매는 플랫폼

지금도 먼 고향을 기차로나 가는 건지
하얀색 역사 지붕에 비둘기가 앉고 날며
두 아이 손잡은 부부 오름 계단 서두른다

드넓은 창유리가 빈한을 비출 리야
길은 어언 첨단 세기 넘쳐나는 차량들
긴 호명 메아리 따라 빨라지고 빨라질 뿐

가을 선암사

1.
버스킹 막걸리 한 잔 산문을 울려대고
단풍잎 불콰하여 선들바람 감아채자
불우를 떨쳐내어라 성금함이 두둑하다

2.
좌 은행 우 감나무 노랗거나 붉거나
탑 돌아 서천 만 리 풍경을 귀에 걸고
대웅전 본존 부처님 눈도 깜박 않으신다

*선암사 : 전남 순천시 승주읍 소재

5

물을 잃고 뭍을 얻어

그리운 시절

산정이란 음악실에 조여들던 목마름이
미화당 백화점 앞 노신사로 불쑥 세워
칠십 년 전통이라는 회국수에 젖게 한다

이역이듯 에돌아 성마른 숨결들을
용두산 오름 계단 수를 세며 부려놓고
그래도 큰 소리 떵떵 허장성세 즐거웠다

너도 혹 저만치에 찾아와 서성이나
굽은 목 외로 돌려 첨탑을 바라보다
냉면집 원산면옥의 질긴 허기에 감긴다

국제시장 영화 어름 사무치는 우리 시절
굵은 땀 한나절을 가게마다 흘려놓고
자갈치 간판 둥치에 햇살 칭칭 동여맨다

우리 하마 칠순 어름 영도다리 아래 주술
사십 계단 둘둘 말아 어디에다 또 펼칠까
사랑의 부산극장은 절찬 상영 중이다

청도역에서 기차를 타다

승차권에 구멍 뚫어 검표하던 개찰구

낯설고도 싱겁게 그냥 훅 지나친다

핸드폰 하나로 만사, 부대끼고 싶어라

벌교 꼬막 식당

어깃장 세게 놓고 삿대질로 펄을 질러
황혼도 제 길 잃고 서산에 걸렸겠다
숭숭숭 대파를 써는 팔뚝 굵은 아지매

터울터울 주름 잡힌 꼬막이 한 바가지
물을 잃고 뭍을 얻어 시장통 웁쌀로 앉아
귀갓길 아예 접어라 뜨거워지는 수다다

센 주먹 사내들이 곁눈질로 들락여도
–싱겁게 굴면 죽어, 나 시방 칼 들었승께
아지매 드센 기세에 코끝 아린 박장대소

임랑에서

1. 횟집 하나 용궁 하나

–삼십 년 회를 팔아 할 짓 볼 짓 다 했으니
–인자 마 저 물속에 용궁 하나 짓는 기다
해삼을 덤으로 썰어 듬뿍 내어놓는 여주인

2. 정훈희 김태화 부부

갈기 세운 파도가 바람을 일으키자
어둠 가둔 객장 두고 인적 없는 꽃밭 카페
꽃이여 아름다운 꽃이여 서울에서 타는가

한갓진 해변이면 돋보이는 노후일까
택시 한 대 겨우 잡아 귀갓길을 서두는데
뒷덜미 채듯 한 가사 아름다운 꽃송이

*임랑 : 부산 기장군 장안읍 임랑리 소재 해변

청산도

1.
실없이 빚었으리 툭 띄워 앉힌 청산
햇살 모아 이룬 초점 서편제로 적셔놓고
유월아 보리 유월아 해원解冤 하는 갈매기

2.
너 무슨 죄가 있어 눈멀어 울었더냐
하도 뜨건 황톳길에 쪽빛 하늘 걸쳐두고
아라리 아라리이요 겹고도 겨운 한 생

소래포구는

소정방, 그 넋 앗아 됫박 높은 어물전을

걷다가 보다가 흥정에 바쁘다가

꽃게의 다리에 걸려 지지 못하는 노을

비무장지대

한 발짝 들이밀면 불귀의 땅 애오라지
초병의 날 선 시선 날줄을 퉁기는지
수풀을 난장질하는 선불 맞은 저 멧돼지

폐허에 왕거미줄 인적조차 끊어져도
파리한 실개천이 논자락을 후벼 돌며
사라진 주인 자취를 밝혀 띄우는 윤슬

만방 처연한 노래 피 얼리는 빙하기에
별 받기 신방돌이 바람 재여 햇살 받네
아무리 빨라도 늦는, 늦으면 그예 죽는

마이산馬耳山

벼랑을 벼리고 벼려 누 세월 어엿한 산
바위 하나 빠진 구덕 두송목이 채우느니
벌 나비 제멋에 겨워 독경 소리 나 몰라라

누구 먼저랄 것 없이 길을 내고 탑을 쌓아
제 할 일 오직 하나 초록 울음 뱉는 뻐꾹
낮달은 허천난 시간 구름 속이나 노닌다

귀 바짝 세우면 천문이 열리려나
동 배나무 서 능소화 자웅의 젖줄 잡고
계단도 일천 계단을 달구어 내는 즈음

백련사 동백

양지를 배돌아야 지켜질 목숨이기
천더기 탈을 쓰고 독주로나 달랜 세월
향연의 수륙진찬이 모래알로 씹힌다

한 줄 빛발도 사치, 음기 서린 밀림에서
모난 세월의 흔적 발목마다 돋쳐놓고
버려서 냅다 버려서 생때같은 저 목숨들

벗어나야지, 모반처럼 일렁였을 칼바람에
별을 숨긴 칠흑 밤을 헤집어 파던 그 결기만
내리막 뒷걸음질을 자밤자밤 밀고 있다

*백련사 : 전라남도 강진군 도암면 만덕산(萬德山) 소재 절

백마고지 이야기

일진일퇴 그 열두 번 오죽하면 피의 능선
수탈의 노동당사 숨 가쁜 초침 따라
돌팔매 재어 던지다 눈발 위로 나뒹군다

한 톨의 모이조차 헤집어 팔 땅이 없어
재두루미 철책 넘어 목을 늘여 우는 논들
일본인 여자 해설사 안내 말로 굳어 있다

고석정과 제2땅굴 물의 원류는 한곳
어머니 외쳐 부른 절명의 순간들이
퍼렇게 남쪽을 향해 좌표로 찍혀있다

우리 어찌 오늘을 사나 원혼의 눈총 아래
저 너머는 지저깨비 이 평야는 이겼으니
플랫폼 다져 밟으며 철마는 달리고 싶다

꽃자리

베란다 방충망에
앉아 떠는 파리 한 마리

잘 골라 앉았어야지
천리마 잔등에나

남북을 가로지르는
비행 궤적이 부시다

곶자왈 아버지의 숲

아버지의 질병 받아 콩난이 줄을 내니
뿌리 잘린 구지뽕도 연리목에 붙어살고
엄마와 딸과 사위는 빈 동굴에 불을 켠다

그대도 아픈 건가 한사코 떠나가서
넉줄고사리 포자처럼 바람에 손 내밀며
곱씹어 갈 길 묻느니, 고사목 감는 등넝쿨

금오도

1.
비렁길 돌아 십 리
할머니 밭매는 곳

머위와 방풍으로
바다 빛을 담아내며

봄비의 해찰쯤이야
에움길의 앙감질

2.
삶의 마지막 보루 물길 하나 열어놓고
쓰디쓴 머위 쌈 끼니 먼바다 바라 서서
연락선 끊겨도 좋다 올 사람도 갈 사람도

나눠야 정이라는 말 굳이 하려 들지 마라
한 포기 방풍 모종도 피톨 같은 삶이거니
오는 비 핑계 삼아서 문을 걸어 잠근다

포식자 없는 물에 상괭이가 노는 즈음
막배의 고동 소리가 어둠을 불러오자
동백은 꽃을 떨구며 벼랑을 거머쥔다

이 사월 남도 끝자락 바람에 밀리는 횡보
언제 또 찾아오려나 눈길 가는 선창에
누군가 두고 간 모자 빨갛게 젖고 있다

*금오도 : 전남 여수시 남면 소재 섬

거룻배 띄운즉슨

– 쇠소깍*

말하려 마라, 너덜 먼길 찢긴 걸음의 굽이
거룻배 띄운즉슨 멍울 삭히는 해후
한 귀를 잇댄 바다가 물목 슬몃 넓힌다

*제주도 서귀포시 하효동 소재 국가지정문화재 명승

통영에서, 밤

파도 떼 찰박이며 선창을 터치한다
노래방 네온등이 다정스레 지켜보고
정박 된 고깃배 너덧 삐걱삐걱 응답한다
먼 길 떠날 여시인의 머리칼 나부끼고
돈키호테, 물길로도 갈 수 있다 말한다
수평을 버팅겨 내랴 기울면서 크겠단다
신사가 지나가고 아가씨가 지나간다
싸늘해진 옷깃을 스쳐 시간은 새벽 세 시
광주를 가야 한다며 강호 시인 떠난다
광어회 맛 잊지 못해 골목길을 더듬을 때
효애 속 남망산이 수굿이 깨어나고
가볍게 시인들 어깨를 톡톡 치는 통영, 밤

해설

서석조의 '서로시조'라는 아토포스atopos

김태경(시조시인 · 문학평론가)

시조의 장場에서 서석조 시인은 어떻게 기억되고 있는가. 2004년에 계간『시조세계』신인상을 수상하면서 작품 활동을 시작한 서석조 시인은 실존적 고향을 탈회奪回하려는 건강한 내면 의식을 작품 세계에 투사하고, 부조리와 상실에 대항하여 공동체적 연결성을 지향하는 글쓰기를 하고 있다. 근본적으로 참 자기를 되찾고자 하는 의지를 끊임없이 소환함으로써 세계와 유기적으로 관계를 맺고, 자아 동일성을 회복하기 위해 여지없이 시조라는 의식적 공간에 의미 있는 존재와 기억을 담는 것이다. 그렇기에 서석조의 시조 미학은 그만의 매혹적인 사건이 되고 일종의 '아토포스atopos'가 된다.

거부할 수 없는 영감에 이끌려 새로운 문학적 공간 안에서 시조와 사랑에 빠진 시적 분투는, 소크라테스의 대화자들이 소크라테스에게 부여했던 명칭인 아토포스에 닿아 있다. 토포스topos에 접두사 'a'가 결합하면서 유래된 아토포스는 어떤 장소라고 분명하게 정의 내릴 수 없으므로 비장소성을 지니며, 개인이 자기화하여 부여한 의미와 사랑이 내포되어 있다고 보았다. 롤랑바르트가 언급했듯이 "내가 사랑하고, 또 나를 매혹시키는"[1] 그 사람과 존재 대상이 아토포스가 되는 것이다. 그것은 "내 욕망의 특이함에 기적적으로 부응하러 온 유일한, 독특한 이미지"[2]이자 연인이 된다. 서석조 시인에게는 시조가 그러하다.

우리가 기억해야 하는 또 한 명의 시조술사時調術士로서, 서석조 시인이 불러오는 아토포스는 '홀로시조'를 넘어서 '서로시조'를 향하는 길 어디쯤에 위치한다. 따라서 서석조 시인의 존재 좌표를 확인하기 위하여, 『매화를 노래함』(2008, 동방기획), 『바람의 기미를 캐다』(2013, 동방기획), 『돈 받을 일 아닙니다』(2020, 교음사), 『별처럼 멀리 와서』(기행시조집, 2017, 교음사), 『각연사 오디』(현대시조100인선, 2017, 고요아침) 이후, 이번 신작 시집 『사진첩』(2024)이 그의 시 세계에 어떻게 관여하고 있는지 살피는 일을 통과해야 한다. '서로시조'라는 감각적이며 사회적인 아토포스가 서석조의 시론과 창작 행위에 지니는 의미를 되새겨보는 일은, 시조의 장場에서 서석조 시인을 지금보다 더 특별하게 기억하도록 만드는 작업이 될 것이기 때문이다.

---

1) 롤랑바르트, 김희영 옮김, 『사랑의 단상』, 동문선, 2004, 60쪽.
2) 상동.

*

아토포스는 내면과 주변 세계를 연결하는 매개가 되므로, 시인과 매우 긴밀한 관계에 놓인다. 아토포스가 창작의 근간이 되는 회귀지가 되는 것이다. 시인은 이에 영향을 받아 자기 스스로 내면의 상처와 고통을 극복할 수 있다. 아토포스는 시인의 의식과 세계관에 따라 형상화되는 양상이 달라진다. 서석조 시인이 구현하는 아토포스는 앞서 언급했듯이 일관되게 '서로시조'를 지향하고 있다. 통념적으로 기능할 수 있는 토포스를 개성과 주관적인 시선으로 새롭게 환기시켜 독창적이며 매력적인 공간으로 만들고, 자신만의 고유한 아토포스로 재의미화하는 것이다. 서석조 시인의 '서로시조'라는 아토포스를 표제작을 통해 탐색해보자.

글자 하나 몰라도 나는 살아 팔순이다

공부깨나 해놓고 절름대기 일쑤라니

등짝을 내리치시며 서슬 퍼랬던 어머니

그날 그 고향 집에 감나무 가로 벋고

댓돌의 높이만큼 농민신문 쟁여져

문명文名을 바랐으랴만 묵향 머금은 주소

괜스레 헛간 뒤져 먼지바람 일으키자

댓잎에 베인 바람이 구석구석 파고든다

아뿔싸, 아닌 곳에 둔 입신양명 사진첩

– 「사진첩」 전문

“생이란 이름자와 사진 한 장 남기는 일”(「길 밖의 시간」)이라는 표현대로, 서석조 시인이 규정한 첫 번째 아토포스는 ‘사진첩’이다. 기억의 근원적 고향으로 회귀하면서 현재를 비추는 주시의 흔적인 것이다. 표제작에서 반추의 거울 역할로 명명한 대상은 다름 아닌 어머니였다. 위 시에서 어머니는 “글자 하나 몰라도 나는 살아 팔순이다”라고 당당하게 말씀하시며 ‘건재한 어머니’라는 기호를 신화화한다. 어머니 앞에 놓이는 ‘강함’, ‘건재함’, ‘당당함’이라는 낭만적인 키워드는 화자에게 전이되어 “댓돌의 높이만큼 농민신문 쟁여”진 동의어가 되고, ‘먼지바람’처럼 일으켜져 오랫동안 잠재된 감수성과 함께 그의 사진첩에 담긴다. 이를 통해 유추할 수 있는 바와 같이, 서석조 시인의 사진첩이라는 아토포스는 화자와 어머니를 서로 비추듯, 화자와 시적 대상을 서로 돌아보고 보여주는 기능을 한다.

사진첩에서 시인과 함께 머무는 대상 중에는 두 형님이 있다. 시인은 두 형님의 “여생은 얼마일까/ 난생처음 셋의 한때 창공을 바라보며/ 골 깊은 고향 굽이에 집 한 채를 짓”(「삼 형제」)는다. 또 “저만큼 남루로 서서 염주를 세는 누나”(「구순 그늘 숨겨놓고-누나」)를 호명하거나 “소나무가 분재로 아등바등 살아내듯”(「구십에다 넷, 장모님」) 생을 인내하고 견디는 장모님을 호출하기도 한다.

이처럼 사진첩이라는 아토포스에서 생성되는 화자와 대상과의 '상호 비춤'이 시인과 세계가 관계를 형성하는 맥락과 분기점이 되는 것이다.

너만이랴, 말로는 다 하지 못할 아픔이

가슴 치고 혀를 물며 문을 걸어 잠그다가

이 한낮
피 울음 만만
담벼락,
너만이랴

-「모란」 전문

'상호 비춤'으로서의 대상은 인간과 비인간을 구분하지 않는다. 위 인용시에서의 시적 대상은 비인간-자연물인 '모란'이다. 작품에서 모란은 "말로는 다 하지 못할 아픔"을 지닌 존재로 등장한다. 이러한 모란에 대해 화자는 "가슴 치고 혀를 물며 문을 걸어 잠"글 정도로 아픈 게 '너'만이겠냐고 되묻는다. 그러나 표면적으로 드러나는 시적 전언은, 이면적으로 모란에 투영된 화자 자신에게 하는 말로도 이해할 수 있다. "당신의 곤궁한 처지 알 리가 없"(「나 까마귀」)고, '피 울음' 쏟는 '담벼락' 같은 '너'는 누구든 될 수 있는 것이다. 그렇게 사는 일의 아픔을 토로하는 동안, 시인은 다음 인용시처럼 '속俗'과 '성聖'을 오간다. 이 또한 사진첩에 담긴 기록일 터이다.

* 속俗

텃밭 단호박 넷을 누가 싹 따갔는데
보시해서 복 받으니 맘 놓으란 위로 말들
너 없이 내가 없으니 우리 배가 부르구나

* 성聖

통도사 성보박물관 성파스님 민화전
들까불고 능청스러운 옻판의 옻칠 그림
호랑이 귀엽게 어흥 물고기 떼 배뱅글

화조도에 서수도 인물도에 맹호도
어락도에 어수도 연화 모란 초충도
반세기 벼려진 말문 만년을 더 가겠네

미물을 긍휼하니 모옥茅屋도 탐욕이라
유월 배롱나무에 매미 소리 달아놓고
붓끝에 붓끝만 세운 저 형형한 눈빛이여

－「속과 성을 거닌 하루」 전문

위 인용시는 하루라는 시간 안에 '속俗'과 '성聖'을 두루 경험한 일에 대해 형상화하였다. 1부 '속俗'에서 화자는 "텃밭 단호박 넷을 누가 싹 따"가는 일을 겪는다. 이에 대해 누군가는 "보시해서 복 받으니 맘 놓으"라는 위로의 말을 한다. 그리고 이 일을 통해서 "너 없이 내가 없으니 우리 배가 부르구나"라는 깨달음을 얻는다. 반면, 2부 '성聖'에서는 1부와는 다른 분위기의 '통도사'가

공간적 배경으로 등장한다. 이곳의 '성보박물관'에는 '성파스님'의 '민화전'이 열렸다. 화자는 화조도, 서수도, 인물도, 맹호도, 어락도 등의 민화를 감상하고 셋째 수에서 "미물도 긍휼하니 모옥茅屋도 탐욕이라" 여긴다. 그야말로 성스로운 개안開眼을 얻은 셈이다.

이 작품에서 '통도사'는 '토포필리아topophilia'로 기능한다. 이-푸 투안[3]은 '토포필리아'라는 용어를 '장소애'라고 정의하였다. 이어서 그는 토포필리아에 대해 인간을 둘러싼 자연적, 물리적, 지리적, 인공적 환경을 의미있게 체계화하고 가치를 부여하는 지각 활동이라고 덧붙인다. 이에 근거했을 때, '통도사'는 시인과 시적 대상으로 하여금 '상호 비춤'이 수행될 수 있도록 하는 공간이자, 서석조 시인이 부여한 토포필리아로서의 면모를 지니게 되는 것이다. 인용시는 문학적으로 사진첩의 어딘가에 자리하고 있을 새로운 대상에 닿을 수 있도록 시인의 내면세계를 정갈하게 만든다.

요컨대, 서석조 시인은 일상 속의 평범한 존재이거나 문학이라고 규정되지 않은 대상을 그만의 아토포스에 포함시키고, 그 대상과 시적 상황을 '서로시조'의 경계 안에서 감동적인 문학으로 변모시킨다. 그렇게 시조문학으로 점유된 서석조 시인의 사진첩은 확정할 수 없는 방식으로 아토포스를 재생-생성해가면서 예술적 가능성이 농후한 공간으로 나아간다.

---

3) Yi-Fu Tuan, 이옥진 옮김, 『토포필리아』, 에코리브르, 2011, 16-17쪽 참고.

*

시 세계 안에서 서석조 시인이 자신의 존재 좌표를 어떻게 설정하고 있는지 확인하는 과정에, 자주 목격하게 되었던 상념은, 마술같이 흘러가는 시간의 덧없음과 외로움이었다. 그것은 진정한 세월 경험에서 비롯되고, 노인이라는 또 다른 타자의 삶에 대한 공감과 연민으로 이어진다. 주지하듯, 서석조 시인이 형성해 놓은 '서로 시조'라는 아토포스에는 노년, 노후라는 공통감각으로 미메시스의 경험이 녹아있다.

아무리 긴 세월도 돌아보면 한순간
억 광년 먼 별빛에 하루살이 몸 누이듯
밤새운 이슬방울이 한번 반짝 햇살이듯

칠십육 세 연치에 일삼은 신문 배달
한때는 날쌘돌이 더딘 걸음 구슬땀에
빠뜨린 배달 신문을 공손히 내미는 손

과꽃 피고 호박 열고 까치 날고 매미 울고
분복의 삶이라도 발품 더운 여름 나절
눈 한 번 감았다 뜨듯, 마술이듯, 저 노년

－「마술이듯」 전문

"꽃 피울 겨를 없이 시간은 꺾이고"(「무화과 하나」), "어느새 우리 다 왔다 종착의 땅"(「경로 우대석에」)으로. 그것은 "눈 한 번 감았다 뜨듯, 마술" 같은 일이었다. "아무리 긴 세월도 돌아보면 한순간"이었고, "밤새운 이슬방울"이 햇살에 "한번 반짝"이듯이 젊은 시절은 찰나였다. "괜스레 달력을 찢어 구기다가 찢다가/ 내리는 빗줄기 속을 하염없이 헤아"(「첫사랑」)리게 되는 배경에도 이와 같은 허무와 허탈함이 놓여있으리라.

위 인용시 중장에서, "칠십육 세 연치"의 노인이 신문 배달을 하는 장면은 늙음에 대한 속절없음과 쓸쓸한 정서를 심화시킨다. "한때는 날쌘돌이"였던 노인은 이제 "더딘 걸음"에 '구슬땀'을 흘리며 "빠뜨린 배달 신문을 공손히 내"밀고 있다. "분복의 삶이라도 발품 더운 여름 나절"은 신문을 배달하는 노인을 더 힘들게 한다. 초연하고 강건한 정신과 자기극복 의지를 드러내는 서석조 시인의 시 세계에서, 빈곤 노인이나 의지할 데 없이 외로운 노인의 모습을 그릴 때는 인용시 「마술이듯」처럼 날 것의 언어로 현실적인 묘사를 취한다는 사실을 발견할 수 있다. 다음 작품도 그러한 사례라 하겠다.

비둘기 날갯짓도 작은 꿈에 감싸이고

발아래 성채(城砦)들도 외로운 날개 접어

가파른 오름길마다 뒷걸음을 치게 한다

수레의 무게만큼 밀려나는 시름으로

오금에 빗장 질러 들 날숨을 가리랴

천국은 높은 데려니 오르고 또 오른다

몸 누일 한 평 방에 별 주렴 달도 환해

가진 한 벌 넝마에도 라면 한 끼 주식에도

무심결 날개 단 듯이 가벼워지는 나날들

－「달동네 노후」 전문

“여의주 하나 툭 잡혀 뒤집히는 생”(「여의주 하나 툭 잡혀」)이 되면 좋으련만, 사는 일이 그렇게 녹록하지는 않다. 인용시에서 시적 대상은 무거운 수레를 끌고 가파른 오름길을 뒷걸음치며 또 수레 무게만큼 밀려나기도 하면서 올라가고 있다. 그것은 “비둘기 날갯짓도 작은 꿈에 감싸이”는 절망이고, “발아래 성채들도 외로운 날개”를 접는 고독이었다. 하지만, 노인은 생각을 바꿔 “천국은 높은 데려니”하고 오르기를 멈추지 않는다. 그 마음을 아는지 “몸 누일 한 평 방”에 별빛이 들고 달이 환하게 비춘다. 그렇게 “속절없이 높아져서”(「겨우살이」) “무심결 날개 단 듯이 가벼워지”는 것이다.

서석조 시인이 내면세계에 침잠하지 않고 자기 밖으로 나와 타자와 삶을 교류하면서 ‘서로시조’의 성과을 만드는 데는, 시적 대상을 ‘홀로시조’ 안에 혼자 두지 않고 자신이 마련한 낭만적인 공간에 함께 있겠다는 의지의 표출이다. 그가 기획하고 구성한 아토포스에서 교감하고 타자에게 손을 내밀겠다는 문학적 약속인 것이다. 아울러 타자의 건강한 의식과 삶의 태도를 통해 시인 스스로가 감동받고 문학적 성장을 도모하고 있음은

당연한 일일 것이다.

다음 작품에 등장하는 노인은 어떤 깊이를 보여주고 있을까. 낭만적 동행의 뒤를 따라가 보자.

1.
비렁길 돌아 십 리
할머니 밭매는 곳
머위와 방풍으로
바다 빛을 담아내며

봄비의 해찰쯤이야
에움길의 앙감질

2.
삶의 마지막 보루 물길 하나 열어놓고
쓰디쓴 머위 쌈 끼니 먼바다 바라 서서
연락선 끊겨도 좋다 올 사람도 갈 사람도

나눠야 정이라는 말 굳이 하려 들지 마라
한 포기 방풍 모종도 피톨 같은 삶이거니
오는 비 핑계 삼아서 문을 걸어 잠근다

포식자 없는 물에 상괭이가 노는 즈음
막배의 고동 소리가 어둠을 불러오자
동백은 꽃을 떨구며 벼랑을 거머쥔다

이 사월 남도 끝자락 바람에 밀리는 횡보
언제 또 찾아오려나 눈길 가는 선창에
누군가 두고 간 모자 빨갛게 젖고 있다

*금오도 : 전남 여수시 남면 소재 섬

–「금오도」 전문

위 인용시는 단시조로 된 1부와 네 수짜리 연시조로 된 2부로 구성되어 있다. 시조의 정격을 잘 지키는 서석조 시인의 작품 중에서도 비교적 장편에 해당한다. 1부에서 할머니는 “비렁길 돌아 십 리” 밭을 맨다. “머위와 방풍으로/ 바다 빛을 담아내”면서, “봄비의 해찰”에 에움길을 앙감질하면서. 이와 같이, 1부에서 밭을 매는 할머니의 상황을 한 장면으로 조명했다면, 2부에서는 할머니의 외로운 처지가 좀 더 섬세하게 묘사되어 있다.

“귀 활짝 열리게 하는 소식 어디 없을까” 싶지만(「시월 상달」), ‘금오도’는 고요하다. “삶의 마지막 보루 물길 하나 열어 놓고” 먼바다를 바라보나, “올 사람도 갈 사람도” 없는 금오도에서 할머니는 연락선이 끊겨도 상관없다고 생각한다. 그래서 “오는 비 핑계 삼아서 문을 걸어 잠근다”. 언제 또 누가 찾아올지 선창에 눈이 가지만 “누군가 두고 간 모자”만 “빨갛게 젖고 있다”. 봄비가 내려도 무심하게 생각하며 밭을 매는 할머니의 모습(1부)과 혼자 남겨져 외로운 할머니의 모습(2부)이 대비를 이룬다. 그리고 서석조 시인은 금오도의 할머니를 ‘서로 시조’ 안으로 끌어오면서 할머니의 외로운 모습을 공유

한다. 그가 그만의 아토포즈를 만든 이유를 추측할 수 있는 지점이 바로 여기라 하겠다.

이번 장에서 우리는 '서로시조'라는 아토포스에서 서석조 시인과 함께 낭만적 동행을 하였다. 타자를 개방적으로 수용하고 인간적 연대를 이룰 수 있는 문학적 공간이 이렇게 가까이에 존재한다는 사실은 참 다행스러운 일이다. 멀지 않은 곳에 동행자가 있으므로 "뭇별 중 별똥별 하나 그래서 올려다보"(「하지무렵」)는 것이다. 존재론적 불안을 느끼면서도 스스로를 폐쇄하지 않는 고독한 타자와 하나의 세계 안에 머물게 하니, 과연 서석조의 '서로시조'라는 아토포스는 유쾌한 만남의 공간이 틀림없다.

*

"어느 누가 성전聖殿에 쐐기 하나 박을까"(「칵테일파티 신나라」). 낯선 언어와 갑자기 들이닥치는 외부 세계와의 부조화는, 연대를 도모하는 이 '성전'에 균열을 일으켜 우리를 뜨악하게 만들기도 한다. 이에 대해 시인은 목소리를 바꾸어 반대 심리나 분노를 가감 없이 표현할 수 있다. 현실에 대한 비판적 상상력은 이 지상에 존재하지 않는 유토피아에 대한 지향에서 나오며, 눈이 부시게 강렬한 빛인 것이다. 이제, 서석조의 아토포스를 가로지르는 빛줄기를 떠올려 볼 순서가 되었다.

1.

계절도 딸꾹질을 한 번씩 하나 보네
갈라진 내 손등에 물도랑이 흐르듯
마당에 골이 파이고 나락이 주저앉고

포도순절* 땡볕 하루 쌀 십이만 석 는다는데
길고도 긴 가을장마 쇠비름만 성성하네
고향 집 마당을 돌며 등이 휘는 울 형수

2.
나만 보고 따라와 영웅심도 유분수지
배추밭 호작질 하는 고라니는 어쩌라고
어디에 물색없기는, 저 대선판 이무기들

설익은 포도라도 먹기는 먹겠으니
포도의 순절(旬節) 아닌 순절(殉節)이라 해야 하나
구월도 한참인 날에 굵은 비가 내린다

* 백로에서 추석까지의 시절

–「포도순절에」 전문

서석조 시인의 시편을 접하는 순간, 몇몇 작품에서 뿜어 나오는 강력한 빛을 느낄 수 있었다. 그것은 한 번도 가보지 못한 정의로운 세계에 대한 강한 열망이면서 아름다운 소란이었다. 대표적인 작품으로 「포도순절에」를 꼽을 수 있겠다.

'포도순절'은 각주에 붙은 설명처럼 백로에서 추석까지의 시기를 가리킨다. 이 시기에는 "땡볕 하루 쌀 십이만 석 는다는데", 그런 통념과 무관하게 가을장마가 길게 이어져 "쇠비름만 성성"한 상황이다. 그래서 "고향집 마당을 돌며" 울 형수의 등이 휜다. 하지만 이와 다르게 "대선판 이무기들"은 "배추밭 호작질 하는 고라니는 어쩌라고" 저리 "물색없"다. 그들에게는 "나만 보고 따라"오라는 영웅심만 있을 뿐이다. 이처럼 불만족스러운 형편으로 인해 화자는 2부 둘째 수에서 체념한 모습을 보인다. "설익은 포도라도 먹기는 먹겠으"나, "포도의 순절旬節 아닌 순절殉節" 같은 심리임을 강조하는 것이다. 이는 여전히 '굵은 비'가 내리고 있는 변함없는 현실 때문이기도 하다.

우리는 "바야흐로 파문의 절정 허기가 감돌아서"(「사탄의 둔갑」) "창람에 싱싱"(「황산잔도 아래, 물」)하기를 바라지만, "허위단심 모여들어 환호하는 시장 바닥"에 "여우비 반짝 내리고 무지개 섰다"(「대선大選 무지개」)지는 것을 자주 목격하게 된다. "헌 집 받고 새집 준다는 새빨간 거짓말"(「세상에 다시없을-대선 주자」)이 번연蕃衍 하기에 시인은 저항과 비판을 멈출 수 없는 것이다. 그것은 시인의 아토포스를 정화하기 위해 수행하는 긴요한 공작(工作)이며, 더불어 살기 위해 반드시 필요로 하는 시적 몸짓이 된다. 그렇기에 시인은 더욱더 자신의 내면세계를 다듬고 긍정적인 힘을 발휘한다. '서로시조'에 펼쳐질 넓은 벌판이 기름질 수 있도록!

양지를 배돌아야 지켜질 목숨이기

천더기 탈을 쓰고 독주로나 달랜 세월
향연의 수륙진찬이 모래알로 씹힌다

한 줄 빛발도 사치, 음기 서린 밀림에서
모난 세월의 흔적 발목마다 돋쳐놓고
버려서 냅다 버려서 생때같은 저 목숨들

벗어나야지, 모반처럼 일렁였을 칼바람에
별을 숨긴 칠흑 밤을 헤집어 파던 그 결기만
내리막 뒷걸음질을 자밤자밤 밀고 있다

* 백련사 : 전라남도 강진군 도암면 만덕산萬德山 소재 절

–「백련사 동백」 전문

위 인용시는 '동백'을 소재로 "별을 숨긴 칠흑 밤을 헤집어 파던 그 결기"가 좌절되는 시련과 애환을 노래한다. 동백은 "한 줄 빛발도 사치"인 "음기 서린 밀림에서/ 모난 세월의 흔적 발목마다 돋쳐놓고" "모반처럼 일렁였을 칼바람에" 생때같은 목숨을 버리고 있다. 그것은 동백의 자기 의지와는 무관하게 벌어지는 일이었다. 외부에서 오는 강압적인 폭력과 불온은 안온한 세계에 머물고자 하는 동백과 같은 존재의 내밀한 방에 흠집을 내기 일쑤다. 그러나 서석조 시인이 지은 아토포스가 그리 쉽게 무너질 리 없다. 그는 "괜찮다 아무 일 없다 술 빚는 이 세상"(「술 빚는 세상」)이나 "하도 뜨건 황톳길에 쪽빛 하늘 걸쳐두고"(「청산도」) 우리의 "귀 바짝 세우

면 천문이 열”(「마이산(馬耳山)」)릴 것이라고 자긍(自矜)한다. 그것은 서로가 서로에게 우산을 건네줄 수 있는 구세주가 되어 줄 수 있다는 믿음에서 촉발되는 게 아닐까.

> 남양산 로터리 횡단보도 소나기 속
> 우산 없이 허둥지둥 헤쳐 뛰던 한 여인
> 전봇대 부여잡으며 속절없이 젖어들고
>
> 지나던 승용차 한 대 느닷없이 멈춰 서서
> 차창을 스륵 내려 우산 하나 툭 건네곤
> 휑하니 가던 길 그냥 미련 없이 가버린다
>
> 세상에 참, 구세주가 따로 또 있을까
> 화들짝 놀라 펼친 우산 위 빗줄기가
> 축포를 터트리듯이 은빛으로 펴져난다
>
> —「구세주」 전문

남양산 로터리 횡단보도 앞에 서 있는 여자는 우산도 없이 “허둥지둥 헤쳐 뛰”면서 소나기를 맞고 있다. 그런데 지나가던 승용차 한 대가 여자 앞에서 멈춰 서서 열린 창문으로 “우산 하나 툭 건”넨다. 이 모습을 지켜본 화자는 “우산 위 빗줄기가/ 축포를 떠뜨리듯이 은빛으로 퍼져”나간다고 느낀다. 시집에 수록된 첫 작품인 「구세주」는 서석조 시인의 시 세계를 관통하는 메타포로 작용하는 것으로 보인다. 시인이 줄곧 보여주는 ‘서로시조’의 특성을 한 장면으로 집약하기 때문이다. 그는 이 시집에서 생의 어두운 이면도 허심탄회하게 토로하면서, 인용시 「구세주」처럼 시련에서 벗어날 수 있는 가능성을 지속적으로 제시하고 있다.

*

서석조 시인은 이번 신작시집 『사진첩』에서 "저 쫄깃한 광망이 밤을 얽어 무거우면"(「삭발, 그리고 광장」) "잔바람 품어 안고/ 큰바람 휘감고"(「조팝꽃과 벚꽃 사이」) "서역 먼 사막에다 호박씨나 심어"(「발바닥 티눈 하나에, 벽창호」)볼 일이라고 말한다. 그리고 "귀 바짝 세워 열고 천기를 염탐"(「나팔꽃, 천기를 염탐하다」)한다. 타자와 함께 곪아 터진 생의 아픔을 이겨내고자 하는 것이다.
앞서 살펴봤듯이, 그는 타자와 연결망을 형성하는 글쓰기를 위해, 자신만의 문학적 공간에 '서로시조'라는 아토포스를 건설하였다. 그곳은 열린 공간이고 의식적으로 만들어진 낭만이기도 하다. 거기에서 시인이 타자와 공유할 수 있는 언어로 어둠과 슬픔을 견디며 기름진 들판에 씨앗을 심는 모습을 살펴보았다. 그럼으로써 우리는 서석조 시인의 시집에서 '홀로시조'를 멈추고 '서로시조'로 고요히 스며드는 시간을 경험하게 된다. 그가 아토포스 안에서 빚은 기대가 타자와의 조우를 향한 견고한 이상이었다는 점, 그 사랑과 매혹으로 시조의 장場에서 서석조 시인은 다시 기억되어야 할 것이다.

사진첩

서석조 시조집

2024년 4월 25일 초판 인쇄
2024년 4월 30일 초판 발행

지은이 / 서석조
발행인 / 강병욱

발행처 / 도서출판 교음사

03147 서울 종로구 삼일대로 457 수운회관 1308호
Tel (02) 737-7081, 739-7879(Fax)
e-mail / gyoeum@daum.net

등록 / 제2007-000052호

* 잘못된 책은 바꾸어 드립니다. 값 10,000 원

ISBN 978-89-7814-983-9 03810

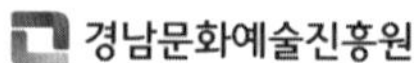

- 이 도서는 경남문화예술진흥원으로부터 기금 일부를 지원받아 제작되었습니다.